儿童逻辑表达力

像「辩手」一样接话

施英巍 著

苏州新闻出版集团
古吴轩出版社

图书在版编目（CIP）数据

儿童逻辑表达力. 像辩手一样接话 / 施英巍著. 苏州 ：古吴轩出版社，2024. 11. -- ISBN 978-7-5546-2480-7

Ⅰ. H0-49

中国国家版本馆CIP数据核字第2024S0H656号

责任编辑：胡敏韬
策　　划：吴　静
版式设计：林　兰
封面设计：黎　炜

书　　名：儿童逻辑表达力·像辩手一样接话
著　　者：施英巍
出版发行：苏州新闻出版集团
古吴轩出版社

地址：苏州市八达街118号苏州新闻大厦30F
电话：0512-65233679　　邮编：215123

出 版 人：王乐飞
印　　刷：天宇万达印刷有限公司
开　　本：670mm×950mm　1/16
印　　张：18
字　　数：162千字
版　　次：2024年11月第1版
印　　次：2024年11月第1次印刷
书　　号：ISBN 978-7-5546-2480-7
定　　价：99.00元（全3册）

前言

当老师提问时，孩子虽然抢着回答问题，却无法清晰地表达想法或所答非所问。

与同伴探讨问题时，孩子经常因为不能清晰地提问而错失深入讨论的机会。

在公共场合，面对突如其来的问题，孩子总是因为接话缺乏情商而尴尬收场。

与父母沟通时，孩子常常因为思维混乱而无法准确表达需求或情感，最后只能以哭泣或无理取闹的方式发泄。

…………

相信很多父母都在为孩子出现类似的情况而百思不得其解：为什么孩子说话总是没有条理，表达不清晰？其实，这是孩子缺乏逻辑表达力的典型表现。

逻辑表达力，是指孩子在沟通和表达时，能够清晰、有条理、合理地组织语言的能力。而逻辑表达力不足会让孩子用语言表达想法时力不从心，阻碍孩子与他人进行有效沟通，进而影响孩子的社交能力，甚至限制孩子思维的深度和广度。

这套《儿童逻辑表达力》正是为了帮助孩子培养逻辑表达这一关键能力而精心编写的，引导孩子在各种情境下，以清晰的逻辑、高情商的方式进行“说服”“提问”和“接话”。

本套书包括《像辩手一样说服》《像辩手一样提问》和《像辩手一样接话》，共三册。其中，每一册书又划分为校园篇、公共场合篇和日常生活篇，涵盖了孩子所能遇到的各种表达场景，并在不同情境下通过具体的对话场景导入，直奔主题，给出正、反面表达示范，并进行简要分析，让孩子明白表达的差异会收到不同的反馈，同时提供正确的表达技巧指导，帮助孩子逐步提升逻辑表达力。

培养逻辑表达力是一个长期的过程。我们希望这套书能够让每一个孩子都像辩手一样，能更加自信地表达自己的想法，更有效地与他人沟通，更深刻地理解复杂问题。让我们一起见证孩子们成为能够自如表达、善于沟通的新时代少年。

目录

校园篇

公共场合篇

日常生活篇

校园篇

01 被同学取侮辱性外号，怎么接话反击

低情商接话

同学：鼻涕虫，鼻涕虫，哈哈哈哈……

小刚：求求你了，不要这样称呼我！

这样接话只会让对方觉得你软弱可欺，很可能会变本加厉。

高情商接话

小刚：给别人取外号是不尊重人的行为，如果你想获得别人的尊重，请先学会尊重他人。

这样接话充满气势，同时表明自己拒绝的坚定态度，可以给对方威慑。

高情商接话技巧指导

①冷静处理，不予关注

保持冷静，尽量不要理会这些外号，给你起外号的人得不到反馈就会逐渐失去兴趣。

②表明感受，坚定拒绝

如果对方还一直这样称呼你，一定要控制情绪，摆正心态，不要和对方发生肢体冲突。同时，向对方直言自己并不喜欢这个外号，勇敢说“不”。

示范：“我不喜欢你这样称呼我，我觉得很不尊重我。请你不要再这样叫我。”

③寻求帮助，保护自己

可以告诉老师和家长，寻求大人的帮助。

示范：“如果你认为这样做是对的，我们就去找老师评评理吧。”

02 被同学取笑，怎么接话回击

低情商接话

同学：大家快来看啊，小美把水洒在身上了，衣服都湿了！

小美：嗯……嗯……不要说了，快不要说了。

这样接话更容易引起对方的讥笑心理，让对方肆无忌惮。

高情商接话

小美：我不喜欢你拿这件事取笑我，我只是不小心而已。

这样接话直接表明自己的感受，并指出对方言语的不当之处，大声拒绝。

高情商接话技巧指导

①直接回击，表达感受

直接表达自己真实的感受，让对方明白这样的行为对你造成了影响，并提醒对方注意言辞。

示范：“我知道你是在开玩笑，但我并不觉得有多好笑，而且这让我感觉非常不舒服。”

②幽默回应，化解尴尬

以幽默的方式回应取笑，不仅可以显示你不受影响，还可以缓解尴尬，并让对方意识到取笑他人是不对的。

示范：“今天确实比较热，我只能通过洒水来降降温了。”

③反问质疑，表明态度

你可以通过反问质疑，让取笑你的人反思自己的行为是否合适，并可以引导对方意识到他的话可能具有伤害性。

示范：“如果我对你做出同样的事情，你会觉得开心吗？我们都应该尊重彼此的感受。”

④转移话题，避免冲突

转移话题可以避免冲突的升级，同时显示出你不受对方取笑的影响。

示范：“好了，玩笑开过了。我最近看到了一个很有趣的视频，你有没有看过？”

03 被同学议论，怎么接话回击有分寸

低情商接话

同学：小刚的新发型看起来有点儿傻傻的。

小刚：唉！早知道不让妈妈带我去那家理发店了。

这样接话表示你对自己的发型也不满意，会让对方觉得议论你是对的。

高情商接话

小刚：这是我尝试的新风格，还不错吧？大家下次理发也尝试一下吧。

这样接话让对方觉得你对自己的发型并没有不满，或许会改变想法，或许因为你的反应无趣而不再议论。

高情商接话技巧指导

①坚持自我，笑着回应

对自己的外在美要有十足信心，从容面对周围人的目光和评价。做好自己，笑对“观众”才是最好的状态。

示范：“你们说得对，这个发型确实挺大胆的，正好我也想改变一下风格。”

②自嘲应对，变客为主

别人议论自己的时候不要回避，参与其中更能让大家对你有好感，也是融入集体的好机会。

示范：“时尚嘛，总是超前的，这不也说明我有冒险精神吗？”

③为大家铺路，博得好感

将自己置身于大集体中，可以让他们共情，快速提升人缘，让大家不再私下议论。

示范：“我是先给大家做个示范，这分明就是牺牲小我的精神啊！”

④以此为话题，适当询问

不要一味地站在其他人的对立面，有时候顺着对方说，可以婉转地把话接过来。

示范：“这个发型确实有点儿出乎我的意料，考虑过段时间再换一下，你有什么建议吗？”

04 被同学孤立，怎么接话改变自己的处境

低情商接话

同学：小美过来了，咱们不玩了，散了，散了！

小美：嗯……嗯，那你们继续吧，我不过去就是了。

这样接话会显得你特别没有自信且软弱，只会让对方更孤立你。

高情商接话

小美：这是我买的新书，想和大家一起分享，不知道你们是否愿意坐下来一起看。

这样接话提出了想和大家积极互动的想法，且有效化解了尴尬的局面，有利于促进人际关系的发展。

高情商接话技巧指导

①询问原因，表达理解

友好地询问对方这么做的原因，同时表达自己的理解和尊重。

示范：“我理解每个人都有自己独特的性格和想法。如果你们不愿意和我交朋友，我也不勉强。”

②提出替代方案，寻找共同话题

可以提出换个活动方式，或者寻找与同学的共同话题，这样就能拉近与小伙伴的距离。

示范：“这周天气真好，咱们周末一起去公园赏花、骑自行车怎么样？”

③展现真诚，给予空间

让对方感受到自己的真诚和善意，如果对方实在不愿意，不要强迫或者纠缠。

示范：“我真心希望能够和大家成为好朋友。下次有机会我们一起玩吧。”

④保持乐观与自信

不要气馁或者产生负面情绪，用乐观的心态和他们相处。

示范：“我知道大家可能觉得我不太一样，但这并不代表我不够好。我相信我们能相处得很融洽。”

05 同学找我帮忙做值日，怎么接话拒绝

低情商接话

同学：嘿，小刚，放学留下来和我一起值日吧。

小刚：啊？一起值日啊……可我……好吧。

这样接话不仅违背自己的意愿，还不懂拒绝，以后可能会有更多的同学找你“帮忙”。

高情商接话

小刚：我今天要参加集训，实在没办法帮你了，不然你问问其他同学？

这样接话直接表明自己无法帮忙的原因，同时提出建议，更容易让对方接受。

高情商接话技巧指导

①直接拒绝，礼貌表达

可以直接拒绝，但语言要礼貌，避免对方误解，同时也不会让对方感觉被冒犯。

示范：“真的很抱歉，我今天还有其他事情要做，无法帮你值日，希望你不要介意。”

②阐述原因，请求理解

如果有其他安排，可以直接和同学说明原因。如果理由合理，对方会理解的。

示范：“我放学后要和爸爸妈妈一起去奶奶家，没有办法和你一起值日。希望你能理解。”

③提出方法，表达关心

如果真的忙不过来的话，可以给同学提出一些建议来解决问题。

示范：“我今天确实有事。不过，你可以找其他人帮忙，或者让老师多安排一个人呢？

④保持友好，正面交流

不要为这么一点小事和同学发生正面冲突，要做到真诚、友善。

示范：“谢谢你能想到我，不过我现在有一件急事需要处理，今天确实没办法帮你了，很抱歉。”

06 同学让我“徇私情”，怎么拒绝不伤人

低情商接话

同学：咱们是好朋友，我的作业没有带就不要告诉老师了。

小刚：嗯，那……好吧，我就不记你的名字了。

这样接话会让对方觉得有空子可钻，会助长不良风气。

高情商接话

小刚：作业是每个人都要完成的，我不能这样帮你隐瞒。

这样接话会帮助同学改正不好的习惯，也对得起老师对你的信任。

高情商接话技巧指导

①表达理解，明确立场和原则

对对方的处境表示理解，但有了问题隐瞒不上报给老师，属于不负责任的行为。不要为了这种事，失去立场和原则。

示范："我理解和同情你的处境，但这样做不仅违反了原则，对其他人也不公平。"

②明确拒绝，引导换位思考

明确拒绝对方的不当请求，并引导对方换位思考，让他明白这样做不合适。

示范："对不起，我不能这样做。如果你是我，相信你也不会这样做的。"

③表达诚意，提出解决办法

在拒绝后，可以提出一些合理的解决当下问题的办法，以展现你愿意帮助对方的诚意。

示范："这样做真的不行，咱们一起找老师说明原因吧。"

④私下交流，保持友好

责任是责任，私交是私交。要注意的是，朋友之间也是要讲原则的。私下交流应保持友好的态度。

示范："我希望你理解我的立场，我们还是最好的朋友。"

07 同学互相攀比，怎么帮助他们走出误区

低情商接话

同学：大家快来看我新买的鞋子，是限量款的。

小美：看起来真不错。我也让妈妈给我买一双！

这样接话虽然满足了对方的虚荣心，但也会激起对方及周围同学的攀比心理，不利于个人成长。

高情商接话

小美：鞋子是挺好看的。但我觉得你在运动会上为班级夺冠的身影更帅！

这样接话将话题转移到自己和同学应该做的事情上，有助于引导大家正面交流、分享。

高情商接话技巧指导

①理解攀比心理，认识个人价值

攀比是一种正常的心理现象，但也要认识到每个人都有自己独特的价值，不需要在物质上过分攀比。

示范：“每个人的喜好不同，小刚的阅读面广，而小明擅长长跑。”

②转移话题，不再攀比

如果不想参与攀比的话题，可以巧妙地转移话题，让大家不再讨论这项内容。

示范：“对了，昨天我看新闻说很多贫困山区的孩子都没有合适的衣服、鞋子穿，咱们组织一次义捐吧。”

③退出对话，做自己的事情

不必为了迎合同学而参与自己不感兴趣或不愿讨论的话题，要做自己喜欢的事情。

示范：“我不太关注这些，平时还是比较喜欢看纪录片，能增加不少见识。”

④分享个人感受，引导正面竞争

可以鼓励学习、互相帮助，引导同学正面竞争。

示范：“小刚在朗读比赛中得了第一名，咱们向他请教一下朗读技巧吧。”

08 同学拉我打架，怎么接话拒绝

低情商接话

同学：小刚，走！跟我打架去！不去就不是好哥儿们！

小刚：我又打不过，我才不去呢！

这样接话会让同学觉得你不愿帮忙，没有为同学考虑，也没有及时劝阻，很可能影响你们的关系。

高情商接话

小刚：我要去体育队集训，老师每天都点名，不能迟到。再说，打架并不能解决问题，还是选择友好的方式吧！

这样接话将话题转移到自己应该做的事情上，让对方不好再强迫你。同时，也对同学的不冷静行为进行了劝阻，事后他一定会明白的。

高情商接话技巧指导

①表达关心与担忧

说出你的关心和担忧，以及这种行为可能导致的后果。

示范：“打架不仅会伤害到我们自己和他人，还会影响我们与同学的交往。”

②明确拒绝，解释原因

对于违反校规和法律的事情，坚决不能做，告诉对方他也不能这么做。

示范：“我不去！我反对任何形式的暴力行为，而且我认为打架解决不了任何问题，反而会让事情变得更糟糕。”

③提出和平解决的方案

寻求非暴力解决的方法，让问题得到妥善处理，比如友好沟通、寻求老师或家长的帮助等。

示范：“我们应该找老师或者父母帮助，和平解决这个问题。”

④保持冷静，坚定立场

即使面对众多同学施压，也要保持冷静，切不可参与违法违规的事情。

示范：“无论如何，我都不会参与打架。我希望你能理解我的决定，并尊重我的选择。”

09 被老师批评，怎么接话回应

低情商接话

老师：小美啊，这么简单的题目都做错了，要认真哟！

小美：老师，我只是看错题干了，我是会做的。

这样接话会让老师觉得你是在为自己的错误找借口，不愿正视和承认错误。

高情商接话

小美：老师，我知道了，下次我会认真审题的，谢谢您的指导。

这样接话让老师感受到你诚恳的态度，也有助于我们自己发现问题、解决问题。

高情商接话技巧指导

①认真倾听，细细体会

礼貌倾听老师的批评，不要打断或辩解。

示范：“嗯，老师，我认真听了您的批评，我会努力改掉这些毛病。”

②确认理解，积极回应

听完老师的批评后，简短地复述或总结老师的意思，确保没有误解老师的意图。

示范：“老师，您的意思是不是……？我这样理解对吗？”

③承认错误，表达决心

老师的批评都是有针对性的，要勇于承认错误并改正，表达改正错误的决心。

示范：“谢谢老师对我的关注，这方面我确实做得不好，我会努力改进。”

④求助老师，表达感谢

向老师寻求帮助，询问改进的方法，并感谢老师的及时指点。

示范：“老师，针对我目前的情况，您认为我该如何改进？”

10 被同学误会，怎么接话消除误解

❌ 低情商接话

同学：小刚，大家都说你在背后说我的坏话，是不是？

小刚：啊？我……没有说你的坏话啊！

这样接话会让对方觉得你底气不足，加剧他对你的不满。

✅ 高情商接话

小刚：是不是有人嫉妒咱俩关系好而故意挑拨呢？我真的没有说过你的坏话。

这样接话引导同学学会辨别他人言论，有助于保护双方的友好关系。

高情商接话技巧指导

①认真解释，消除隔阂

如果是与他人交谈让对方误会，要主动向对方解释，表明立场，消除隔阂。

示范："那天我只是和同学讨论问题，并没有说你坏话，请你相信我。"

②提出证据，自我证明

如果对方态度强硬，不肯相信自己，可以提出实质性证据。

示范："你可以问小明，那天他也在场，我说了什么他最清楚了。"

③分析原因，解决问题

和同学一起分析问题，再想办法解决。这个过程可以寻求父母、老师的帮助。

示范："咱们本来就是最好的朋友，我不可能那样做，会不会是有人故意挑拨我们的关系呢？"

④学会释然，不要在意

做到问心无愧就好，不要过于在意。

示范："那天的事情经过我都告诉你了，你自己思考一下，我不希望因为这件事影响我们的友谊。"

11 与同学发生矛盾，怎么接话缓和关系

低情商接话

同学：你把我的书包碰到地上也不捡起来，我以后不和你玩了！

小刚：我又不是故意的，你至于这么生气吗？

这样接话会让同学以为你在狡辩，态度也不友好，会影响以后的相处。

高情商接话

小刚：我是想先把东西放下就过去捡起来，真是对不起。

这样接话既向同学说明了原因，又表达了歉意，很容易获得同学的谅解。

高情商接话技巧指导

①承认错误，寻求理解

如果自己确实有错误或不当的行为，应该主动承认并道歉。但如果只是两个人理解上的差异，要将自己的想法表达清楚，寻求对方的理解。

示范：“这个问题我的想法和你的不太一样，要不你听听我的想法？”

②表达感受，积极沟通

坐下来和对方积极沟通，让他知道自己的想法，同时也要表达自己的尊重和耐心。

示范：“我觉得我们之间有些误会，咱们坐下来聊一聊，可以吗？”

③避免争执，保持友善

要有友善的态度，避免发生争执，不要因小失大。

示范：“我们不要为了这点儿小事影响友谊，我愿意听听你的想法。”

④提出办法，共同协商

与对方协商一个双方都能接受的解决方案，展现出解决问题的积极态度。

示范：“我觉得我们可以这样解决问题……你觉得呢？或者你有什么更好的想法？”

12 被同学嫉妒，怎么接话消除不快

低情商接话

同学：哼，不就得个一等奖吗，有什么了不起的！

小美：那你也拿个一等奖给我看看呀。

这样接话暗含炫耀，而且有轻视对方的意味，容易加剧双方矛盾。

高情商接话

小美：一次成绩优异确实说明不了什么，我会继续努力，保持成绩。咱们一起努力，下次一起得奖。

这样接话展现了你的谦逊和大度，有助于化解对方的嫉妒情绪。

高情商接话技巧指导

①展现谦逊，保持平和

当自己的努力有了结果时，要在他人面前保持谦逊的态度，以免激起他人的嫉妒心理。

示范：“我相信每个人都有自己的长处，我也要继续努力。”

②分享功劳，表达感激

要看到老师和同学对自己的点滴帮助和关怀，并表达感谢。

示范：“这次获奖多亏了老师的教导和同学的帮助，非常感谢大家。”

③转移话题，表扬他人

记得别人的长处和优点，向他们学习，让自己全面发展。

示范：“我记得上次接力赛咱们班也拿了一等奖，多亏有你参加了。”

④寻求和解，共同努力

找到共同的目标或兴趣点，一起为之努力。

示范：“我知道你也有这样的目标，以后我们就一起努力吧。”

13 同学向我借东西，怎么拒绝不伤感情

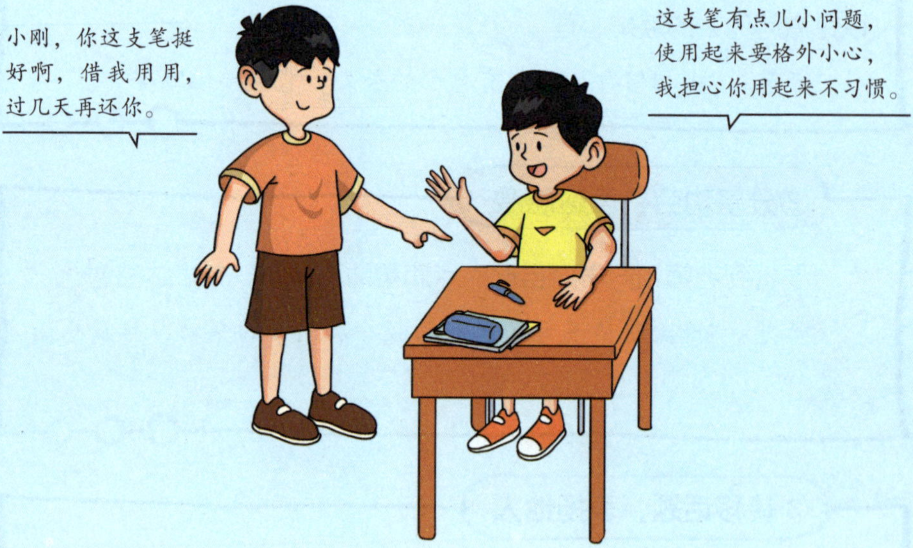

❌ 低情商接话

同学：小刚，你这支笔挺好啊，借我用用，过几天就还你。

小刚：不行，我为什么要借给你？你可以自己去买啊！

这样接话拒绝过于直接，无视对方感受，很容易让同学没面子。

✅ 高情商接话

小刚：你也觉得这支笔不错吧。不过这支笔是妈妈送我的生日礼物，我不太方便借出去，请你理解。

这样接话在保持友好的同时，委婉表达了自己无法借出的原因，不会引起对方的不满。

高情商接话技巧指导

①解释原因，寻求理解

若东西对自己有特殊含义，要表达清楚，对方会理解的。

示范：“我很高兴你喜欢这支笔，但这支笔对我来说意义特殊，非常抱歉，不能借给你。”

②提供替代方案

表明不方便借出的原因后，可以提出替代方案，比如将其他同类东西借给他。

示范：“我这里还有其他笔，也很好用，给你试试这支笔。”

③设定界限，表明态度

要做一个有原则和底线的人，让别人尊重自己。

示范：“不好意思啊，我不习惯借别人的东西，也不愿意把东西借给别人。”

④拒绝也要有礼貌

拒绝并不是要态度强硬，而是要礼貌地表达自己的想法，避免让别人尴尬。

示范：“对不起，这支笔对我很重要，我真的不能借给你，希望你能理解。”

公共场合篇

01 不敢打招呼，怎么缓解尴尬气氛

低情商接话

阿姨：哎呀，这不是小美吗？都长这么高了。

小美：啊？嗯。

这样接话会让不了解情况的人误以为你没礼貌，其实你只是不太会接话。

高情商接话

小美：阿姨好！您买了这么多东西啊，让我帮您拿一些吧。

这样接话会让人觉得你是一个礼貌待人、积极向上的孩子。

高情商接话技巧指导

①点头微笑，礼貌示意

肢体动作也可以传达问候与善意。如果能同时打个招呼，也是不错的。

示范：“阿姨，早上好。”

②简单问候，礼貌用语

如果内心比较紧张，只需简单说几句即可，还可以加上一些礼貌用语，增加好感度。

示范：“阿姨，上午好。您今天看起来气色真好。”

③询问近况，表示关心

询问他人近况是一种常见的社交技巧。这样可以让阿姨感受到关心，同时提供了话题。

示范：“阿姨，最近天气变化挺大，您身体怎么样？”

④寻找共同话题

如果是比较亲近的关系，可以寻找一些共同的话题，多聊一些内容。

示范：“阿姨，您家花圃的花开得好吗？有时间让妈妈带我看看去。”

02 售货员热情推销，怎么接话拒绝有礼貌

低情商接话

阿姨：小朋友，这是最新款的学习机，我来给你详细介绍下吧。

小刚：那……我看看吧。

这样接话只会让售货员说更多的推销内容，占用更长时间。

高情商接话

小刚：非常感谢您的推荐，不过我爸爸最近刚给我买了一款学习机，我就不看了。

这样接话在保持礼貌的同时，委婉地拒绝售货员的推销，有效避免尴尬。

高情商接话技巧指导

①感谢好意，表示尊重

感谢售货员的推荐和服务，尊重对方的工作。

示范：“非常感谢您对这款产品的详细的讲解，我了解到了很多。”

②阐述原因，委婉拒绝

简要说明拒绝的原因，委婉且合理，会让售货员更容易接受。

示范：“不好意思，我现在有类似的产品，所以不需要再购买了。不过还是非常感谢您的推荐。”

③询问感兴趣的产品

如果对售货员当下推销的产品没有兴趣，可以询问是否有自己感兴趣的产品。

示范：“不好意思，我想先看看新款的运动耳机，可以吗？”

④说话要留有余地

如果不打算购买，或不好意思推辞，可以表示未来可能会考虑，保持良好关系。

示范：“如果以后有需要，我会考虑您推荐的产品。谢谢您。”

03 试吃后不想买，怎么接话拒绝不尴尬

低情商接话

阿姨：这个酸奶的口感还不错吧？买一些吧。

小美：还是先不买了……

这样接话会让对方觉得你虽然有些犹豫，但其实是愿意买的，然后就会一直向你推销。

高情商接话

小美：味道还不错，等我逛完超市再过来看看。

这样接话准确、清楚地表达了你的想法，让对方更容易接受。

高情商接话技巧指导

①表达感谢，尊重他人

在确认不买的情况下，要对销售员的介绍表示谢意。

示范：“非常感谢您给的试吃机会，不过我还是不买了。”

②说明原因，保持礼貌

如果不想购买，可以委婉拒绝，并礼貌告知对方理由，对方也会理解的。

示范：“味道确实不错，但我家里还有，等吃完再来买，谢谢您。”

③夸赞产品，保持理性

要欣赏每一款产品的优点，也要理性消费，不可没有原则和底线。

示范：“这款酸奶口感确实不错，但价格有点儿高，我再看看其他的吧。”

④保持友好，结束对话

试吃并不表示一定会购买，保持友好态度，尽快结束对话离开即可。

示范：“谢谢您的推荐，我会把这款产品推荐给家人和朋友。”

04 被他人插队，怎么接话拒绝

低情商接话

阿姨：小朋友，能让我排在你前面吗？

小刚：可是，大家都在排队……

这样接话让对方觉得你拒绝的态度并不坚决，可以插队。

高情商接话

小刚：阿姨，我也是排了很久才到这里的，麻烦您排队，这样对大家都公平。

这样接话就巧妙拒绝了对方插队的打算，捍卫了自己的利益。

高情商接话技巧指导

①保持冷静，礼貌提醒

对方插队时，要先保持冷静，然后礼貌提醒对方遵守排队规则，避免发生不必要的冲突。

示范：“不好意思，我们也在排队等候，请您遵守规则，按秩序排队。”

②语言幽默，缓解尴尬

给生活增加一点幽默，将不愉快的事情巧妙化解。

示范：“阿姨，您是不是找错位置了？我想您应该找队尾。”

③寻求管理人员帮助

游乐场管理人员基本是知道队伍情况的，如果实在解决不了，可以寻求他们的帮助。

示范：“管理员，您好。此刻需要您维护下秩序，有人想插队。”

05 被他人怂恿投喂动物，怎么接话阻止

低情商接话

阿姨：小猴子真是太可爱了，咱们一起给它投喂点食物吧。

小美：可是……动物园不让投喂吧？

这样接话让对方察觉到你的犹豫，并没有明确拒绝，很可能会继续怂恿你。

高情商接话

小美：阿姨，动物园有明确的规定，禁止游客自带食物投喂动物，我们不能这么做。

这样接话不仅明确拒绝这一行为，而且提醒了对方动物园的相关规定，更容易让对方停止怂恿。

高情商接话技巧指导

①明确拒绝，委婉提醒

动物园有“禁止投喂动物”的规定，我们要明确拒绝，并提醒对方。

示范：“您好，动物园入口处的参观指南上明确标注着‘禁止游客投喂动物’。”

②遵守规定，表明后果

请严格遵守动物园的规定！私自投喂不仅会对动物的健康造成损害，还可能会伤及自身。

示范：“我们投喂的食物可能对动物的健康造成危害，还是不要投喂了。”

③表达想法，提出建议

可以询问管理人员是否有喂食项目，并购买动物园提供的食物。

示范：“我建议您投喂前先问问管理人员，游客是否可以投喂。”

④倡导保护动物，及时劝阻

提醒对方，我们虽然是游客，但也有保护动物安全的责任和义务。

示范：“你看这些动物多可爱啊！它们需要我们的关爱和保护，不要做可能伤害它们的事。”

06 给爷爷祝寿，怎么接话表达祝福

低情商接话

爷爷：小刚，今天是爷爷的生日，想对爷爷说些什么啊？

小刚：爷爷，生日快乐哟。

这样接话会让人觉得很敷衍，可能会让气氛变得尴尬。

高情商接话

小刚：爷爷，今天是您的生日，我祝您福如东海长流水，寿比南山不老松。

这样接话让爷爷感受到你的真诚，也会从心里感到高兴。

高情商接话技巧指导

①手写贺卡祝福，以文字表达心愿

选择设计温馨的贺卡，并手写贺卡，让贺卡承载着晚辈对长辈满满的真挚祝福。

示范：“爷爷，这是我给您写的祝福贺卡，感谢您对我的爱护，祝您生日快乐。”

②当面祝福，表示真诚

在爷爷过生日的重要时刻，当面说出对爷爷的美好祝愿，可以让老人家格外开心。

示范：“在这个重要的日子里，我祝福您身体健康，笑容永远如阳光般灿烂。”

③送上礼物，表达心意

对于长辈来说，能收到孙辈的礼物，无论是什么都会很高兴。

示范：“爷爷，这是我用零花钱给您买的礼物，希望您健康长寿！”

④诗意表达，提升意境

中国人对传统文化有深深的喜爱，在爷爷生日时当着大家的面，背诵几首祝福的诗句，可以让老寿星极为高兴。

示范：“爷爷，我祝您‘晚霞灿烂落红美，人到花甲正金秋’。”

07 朋友在公交车上大声说笑，怎么接话阻止

低情商接话

朋友：我昨天看了一部电影……

小美：是啊，确实很好看。

这样接话虽然在敷衍，想快速结束话题，但朋友意识不到在公交车上大声交流是错误的。

高情商接话

小美：为了不打扰到其他乘客，我们还是小点声聊天吧。

这样接话可以让朋友立刻安静下来，也能体现出自身的素质。

高情商接话技巧指导

①私下交流，停止喧哗

公交车上尽量不要大声说话，可以用较小的声音告诉朋友注意音量，不要打扰别人。

示范：“这里是公共场合，我们还是小声点吧。”

②换位思考，互相着想

引导朋友换位思考，为他人着想，停止大声说话。

示范：“如果你坐车时，别人大声说话，你应该也不会喜欢他们吧。”

③提出建议，遵守公共秩序

强调公共秩序的重要性，可以换个地方聊天，促使朋友理解并配合。

示范：“等下车后，我们可以找个不会打扰他人的地方，坐下来慢慢聊。”

08 被要求当众表演节目，怎么拒绝不扫兴

低情商接话

阿姨：小刚，听说你唱歌不错，给大家唱一首吧。

小刚：现在唱歌？那……好吧。

这样接话会让别人以为你是愿意唱歌的，自然也就忽视了你的感受。

高情商接话

小刚：不了，不了，这样的场合我不是主角，不太适合表演节目，还是以其他方式参与吧。

这样接话既表达了你的想法，又提出了其他方案，对方更容易接受。

高情商接话技巧指导

①表达感激，礼貌拒绝

先对被邀请表演表示感谢，但如果不愿意表演，可以礼貌拒绝，不要为了让别人高兴而勉强自己。

示范：“非常感谢阿姨的邀请，但今天我状态很不好，就不献丑了。”

②幽默回应，委婉拒绝

用幽默的语言委婉拒绝，缓解尴尬气氛，让场合变得轻松有趣。

示范：“阿姨，我今天嗓子开启了沙哑模式，不能唱歌了。”

③提出建议，转移话题

通过转移话题或注意力，巧妙地避开表演的要求。

示范：“我看不如我们一起做个游戏，这样大家都能参与进来了。”

09 别人说了“对不起”，接话只能是“没关系”吗

低情商接话

同学：真是对不起，把水洒你身上了。

小美：没关系的。

这样接话虽然是原谅的意思，但是显得过于简单，还是会让对方觉得尴尬。

高情商接话

小美：你这是知道天气热，要给我降降温吧。

这样接话用幽默的方式缓解了对方的尴尬，让对方不那么难为情。

高情商接话技巧指导

①明确接受，表达理解

当别人和自己道歉的时候，表达理解，并坦然接受，让别人可以下得了台。

示范：“你也不是故意要这么做的，我怎么会放在心上呢？”

②宽慰对方，让对方安心

如果对方不是有意为之，可以说几句宽慰的话，让对方安心。

示范：“这都不是大问题，小意外随时都在，都是正常情况。”

③强调积极的一面

事物都有双面性，可以从不开心的事情中学到一些经验，避免以后再出意外。

示范：“这也提醒了我以后端水要小心些，不能接得太满。”

④鼓励对方，释放善意

可以适当给对方一些鼓励和支持，并通过微笑释放出善意和宽容。

示范：“我知道你是不小心才这样的。我相信你下次一定会更加小心的。”

10 朋友吐槽我的偶像，怎么接话表达不满

低情商接话

朋友：小刚，你竟然喜欢他？他的演技可是不怎么样啊！

小刚：可是……我觉得他挺不错的。

这样接话让朋友觉得你对偶像并没有那么了解，也没有十足的喜爱。

高情商接话

小刚：我尊重你的想法，不过我觉得他的演技还是不错的。

这样接话不仅表达了对对方的尊重，也表明了喜欢的具体原因，让别人不能再多说什么。

高情商接话技巧指导

①开放态度，冷静回复

每个偶像都有自己的优点，别人不喜欢时，以开放态度面对。如有必要，冷静思考后再回复。

示范：“我明白你的看法，可是我很喜欢听他唱歌。”

②求同存异，表示尊重

这个世界没有两片完全相同的叶子，对于一个人的看法更是如此。自己喜欢的偶像别人不太喜欢也正常，要尊重对方的想法。

示范：“我尊重你的意见，可是他在公益方面的付出让我很佩服。”

③转移话题，谈论其他

完全没有必要在偶像问题上争执太多，去做共同感兴趣的事情就可以了。

示范：“大家对艺术和娱乐的理解都是不同的。你最近有什么有趣的事发生吗？和我说说。”

11 被嘲笑“球技烂”，怎么接话扭转局势

低情商接话

对方队友：我的天啊，你这样的球技都能上场，你们队怕是没有人了吧？

小刚：我刚才那几脚……是失误了。

这样接话只会让对方认为自己说得对，可能会更加轻视你。

高情商接话

小刚：虽然我的球技一般，但是我努力的样子很帅啊！

这样接话不仅以幽默的方式缓解了紧张的氛围，也表达了自己的看法。

高情商接话技巧指导

①自嘲式回应

对于自己的球技完全可以自嘲，让对方不能再说出过多嘲讽的话。

示范：“哈哈哈，看来我的球技真是不怎么样，要继续练习才是。”

②不可气馁，正面回应

球技的提升不是一时半会儿能做到的，在赛场上尽情挥洒汗水，享受运动的乐趣也不错。

示范：“每次上场都是不断提高的过程，看队友不是都在把球传给我吗？”

③幽默回应，态度开朗

足球是自己喜欢的活动，不能因为别人的话而失去热情，要以开朗活泼的状态融入体育运动中。

示范：“我属于‘慢热型’，等‘热’起来的时候，你们就要小心啦。”

④寻求建议，诚恳请教

球技不太稳定，可以请教水平高的人，在不断学习和练习的过程中提升球技。

示范：“看来我确实需要一些技巧，你可以帮助我吗？”

12 被当众夸奖，怎么接话避免不知所措

低情商接话

阿姨：小刚，你这次考试考得不错呀。真是个聪明的孩子。

小刚：啊？还好吧。

这样接话听起来比较冷淡，也会让对方觉得你不太愿意跟她沟通，容易把天“聊死”了。

高情商接话

小刚：很感激您的夸奖，我会更加努力的。

这样接话既让对方的夸奖得到了积极而正面的回应，又展示了自己的谦逊。

高情商接话技巧指导

①真诚感谢

真诚地对对方的夸奖表示感谢，不是出于礼貌的客套。

示范：“谢谢您的认可，这对我有很重要的意义。”

②心存感激

个人的进步离不开身边每个人的帮助与付出，要正确认识进步，并心存感激。

示范：“我这次能取得好成绩，多亏了老师和同学在学习上的帮助，还有父母在生活上的支持。”

③谦虚接受

无论在哪些方面取得进步，面对他人的夸奖，要谦虚接受，避免过度自夸。

示范：“谢谢阿姨夸奖，这次考试题正好都是我熟悉的知识，所以成绩就比之前的高了一些。”

④再接再厉

成长是美好的，还需要持续努力以创造更多的辉煌成果。

示范：“谢谢您的鼓励，我会继续努力，争取取得更好的成绩。”

13 说话被别人打断，怎么接话回击

低情商接话

妈妈：小美啊，快来吃饭吧，先别说了。

小美：哎呀，我这正忙着呢。

这样接话表现出了不耐烦的情绪，可能会引起冲突，伤害双方的感情。

高情商接话

小美：妈妈，您先吃，我们马上就讨论完这道题了。

这样接话会让对方知道你现在正在做的事情，容易得到对方的理解。

高情商接话技巧指导

①保持冷静，礼貌提醒

保持冷静，以礼貌且坚定的语气提醒对方你还没有说完。

示范："不好意思，我还没有说完，能让我先说完吗？"

②表达理解，请求尊重

别人打断自己通常是有原因的，表达理解，但同时请求得到对方的尊重。

示范："我理解你可能有重要的事情要说，但可以稍等一下吗，我就快说完了。"

③强化信息，建立规则

不打断别人说话是最起码的礼节，强调这个规则，让别人不好意思再阻止你。

示范："我在和朋友说很重要的事，请不要打断我。打断他人讲话是很不礼貌的行为。"

日常生活篇

01 妈妈辅导你作业发火，怎么接话让妈妈消气

低情商接话

妈妈：你怎么这么长时间还没写完作业？

小美：不要催了，题这么难……我已经写得很快了。

这样接话只会让妈妈认为你是在强词夺理，其实并没有认真写作业。

高情商接话

小美：妈妈，今天的作业有点儿多，题目难度也有些大，我需要多一些时间写作业。

这样接话向妈妈具体说明了作业写得慢的原因，可以得到妈妈的理解。

高情商接话技巧指导

①保持冷静，表示理解

妈妈发火是因为关心你作业的完成情况，这时你要冷静地和妈妈说话，让妈妈理解自己。

示范："妈妈，我知道您着急是为了我好，我会努力的。"

②解释原因，寻求帮助

有时候写不完作业是有客观原因的，比如难度大、量多。当妈妈发火时，要说清原因，必要时可以寻求帮助。

示范："妈妈，我应该提前向您求助的，您能给我讲讲这道题吗？"

③积极沟通，提出解决方案

当妈妈情绪稳定后，可以积极沟通，和妈妈一起制订计划，以尽快完成作业。

示范："妈妈，您和我来制订作业计划吧，我也好提高效率。"

④表达感激，增进亲子关系

妈妈下班后，还要操心你的学习，要表达对妈妈的感谢。

示范："妈妈，您工作了一天还要操心我的学习，我真的非常感激。我会努力学习的。"

02 父母相互抱怨，怎么接话缓和父母关系

低情商接话

爸爸：看看你，就知道天天买东西，又花了不少钱。

妈妈：你懂什么？这些东西是我一个人用吗？

小刚：爸爸妈妈，你们不要再吵了。

这样接话并没有正视父母争论的问题，也无法缓和父母的紧张关系。

高情商接话

小刚：爸爸妈妈都为这个家付出了很多，我觉得你们先冷静一下，再好好沟通。

这样接话既肯定了父母的辛苦付出，提出了具体建议，更容易缓和父母关系。

高情商接话技巧指导

①认真倾听，做好观众

孩子不宜对父母有太多评价，这个时候需要多倾听，让父母的情绪宣泄出来。

示范：“爸爸妈妈，你们有什么话当面说出来最好，好好沟通会比憋在心里好很多。”

②表达理解，避免站队

父母都是为了这个家在辛苦工作，每个人的角色不一样，要互相理解，看到对方的不容易。

示范：“爸爸每天送我上学、接我放学，妈妈给我洗衣服、做饭，你们都很辛苦，我不想看到你们吵架。”

③提出建议，鼓励沟通

在恰当的时候，提出积极的建议，避免因沟通不畅引发误会，引导父母从消极的情绪中走出来。

示范：“爸爸妈妈，我觉得我们可以试着多一些沟通和理解，这样或许能让我们的家庭氛围更加融洽。”

03 妈妈偷看我日记，怎么沟通能让妈妈尊重自己

低情商接话

妈妈：小美，我翻了翻你写的日记，写得还不错呢。

小美：妈妈，您怎么能看我的日记？这是侵犯我的隐私权！

这样接话带有明显的指责，会让妈妈觉得与你有疏离感而难过。

高情商接话

小美：妈妈，我的日记里记录了很多我的想法和感受，对我来说，比较隐私，您看了会让我觉得不好意思。

这样接话直接而礼貌地向妈妈表达了日记的私人性质，更容易得到妈妈的理解。

高情商接话技巧指导

①表示理解，表达真实想法

这一行为虽然侵犯了自己的隐私权，但妈妈也是出于对你的关心，先表示理解再说出自己的想法。

示范：“我知道妈妈是在关心我，可我成长过程中也需要一些自己的空间，希望您能理解。”

②冷静表达，避免冲突

对于已经出现的情况要冷静处理，不要和妈妈产生言语冲突。

示范：“当我发现日记被人读了真是很难过，毕竟您教过我要保护隐私的。”

③强调侵犯隐私权后果，表达期望

清楚表达隐私的重要性，努力寻求妈妈的理解，也可以对妈妈提出合理的期望。

示范：“我看过一篇报道，说侵犯孩子隐私会让他们自尊心过低，不懂得尊重他人，处理不好交往的边界问题，无法形成健康的人格，您一定不希望我成为那样的人吧。”

④给妈妈了解自己的机会

与其建起高墙防范，不如在心墙上打开一道门。

示范：“妈妈，我们约定每天晚饭后沟通 15 分钟，分享一天的学习和生活，让您了解我一天的状态。”

04 收到长辈给的压岁钱，怎么接话表达感谢

低情商接话

外婆：过年了，这是外婆给你的压岁钱，快收着吧。

小刚：谢谢外婆！可就是不如奶奶给的多。

这样接话虽然表达了感激，但与他人对比会让外婆觉得尴尬，心情难免有些失落。

高情商接话

小刚：多谢外婆的红包，我会好好利用这笔钱买学习用品的。

这样接话不仅让外婆收到了谢意，也知晓了钱的用处，她会更开心的。

高情商接话技巧指导

①真诚表达感谢

接受长辈对自己的一片心意，真诚表达自己的感谢和祝福。

示范：“非常感谢外婆给我的压岁钱，我爱您！”

②送上诚挚的祝福

在感谢的同时，也给长辈送上你的祝福，体现你的关心和礼貌。

示范：“谢谢外婆，祝您在新的一年里身体健康，万事如意。”

③表达责任和孝心

表达自己会孝顺长辈，并表示会常来看望。

示范：“外婆，等我长大赚钱了，我也给您买喜欢的礼物。”

④说明用途

可以向长辈简要说明一下你打算如何使用这笔钱，让长辈知道你不会乱花。

示范：“我要将这笔钱好好存起来，以后用于学习上，不辜负您的期望。”

05 与妈妈吵架了，怎么沟通有效缓和关系

低情商接话

妈妈：你真是太让我失望了，我不想和你多说什么了！

小美：不说就不说，我还不想和您说话呢！

这样接话只会让妈妈更生气，觉得你不仅没有礼貌，还不尊重长辈。

高情商接话

小美：妈妈，我刚和同学吵架了，心情不好，但我不该和您说话那么大声，对不起。

这样接话让妈妈知道了你发脾气的具体原因，加上诚恳的道歉，妈妈自然就不那么生气了。

高情商接话技巧指导

①切勿冲动，保持冷静

无论是因为什么起的争执，都要先让自己冷静下来，以免情绪激动时说一些不该说的话，或做一些不该做的事。

示范：“妈妈，我先去房间冷静一会儿。”

②耐心倾听，表达感受

生活中，与父母吵架是常有的事，但对于父母的想法要耐心倾听并保持尊重，然后再表达自己的感受。

示范：“妈妈，我知道您都是为了我好，您有什么想法可以跟我讲，我会耐心听的。”

③诚恳道歉，不让妈妈伤心

如果因为自己的错误做法让妈妈伤心了，一定要和妈妈说声“对不起”，不可以为面子不好好和妈妈说话。

示范：“这件事的确是我做得不对，您就不要和我计较了，原谅我吧。”

④寻找解决办法，维系感情

和妈妈一起寻找事情发生的原因，以及解决问题的方法，让妈妈在自己成长过程中更放心，让亲子关系更和谐。

示范：“妈妈，咱们一起分析分析事情的来龙去脉，您教教我该怎么做。”

06 妈妈拿我和别人比较，怎么接话突显优势

低情商接话

妈妈：你看看人家小明，这次考试又拿了奖状，你呢？

小刚：小明拿了奖状又怎么样，他其他方面还不如我呢。

这样接话不仅会让妈妈觉得你没有自我反思，而且态度恶劣，容易加剧矛盾。

高情商接话

小刚：妈妈，我承认小明学习很好，是我的榜样。但是，我打篮球也很厉害，您有时间来看我打比赛吧。

这样接话不仅突显了自己的谦逊，而且说出了自己的优势，让妈妈的关注点发生变化，更易发现你的优势。

高情商接话技巧指导

①认真倾听，表达理解

对于妈妈的话要区分看，有时候是为了迎合别人说的客套话，有时候是恨铁不成钢，要等妈妈说完话，分析情况再做应答。

示范：“妈妈，小明确实优秀，我会努力赶上去的。”

②表达感受，寻求理解

被拿来和别人对比，自然感受不会太好，要勇于表达不满，让妈妈能感同身受，寻求妈妈的理解。

示范：“听到您的话我特别有挫败感，我会继续努力的，希望您能看到我的进步，而不是专注于别人的成绩。”

③寻求反馈，追求进步

如果想进步的话，可以从妈妈那里得到更多的反馈，让自己也有机会向优秀的人学习，做更好的自己。

示范：“我也希望在学习上有进步，您能提供一些建议吗？”

④展示成绩，强调自我

每个人都有自己的高光时刻，对妈妈说出来，让妈妈知道你也有值得骄傲的地方。

示范：“妈妈，我也有我的特长和优势。上次运动会，我拿了长跑的第一名呢。”

07 考砸后被妈妈问成绩，怎么接话让妈妈放心

低情商接话

妈妈：你这次考试考得怎么样啊？

小美：别问了，我现在不想说这个。

这样接话只会让妈妈觉得你不仅考得不好，还逃避问题，会让妈妈很失望。

高情商接话

小美：这次成绩不是很理想，不过我也知道自己在哪方面不足了，我会更加努力学习的。

这样接话让妈妈知道了你对这次考试已经做了分析，并找到自己的不足之处，可以更放心。

高情商接话技巧指导

①如实回答，不要说谎

即使成绩不理想，也要如实和父母汇报，不可以和父母说谎。

示范：“这次考试我没有发挥好，让您失望了。”

②分析原因，自我反思

成绩不理想时，要仔细分析其中原因，反思在学习上的疏漏，必要时可与父母一起商讨。

示范：“我仔细想过了，这次考试中英语阅读的失分最多，我觉得平日里需要加强练习。”

③保持乐观，积极面对

成绩不理想并不意味着失败，不要因此泄气。要保持乐观的态度，积极吸取教训，以后努力才有方向。

示范：“虽然分数不高，但我知道哪方面需要加强，今后的学习我会有的放矢。”

④请求支持，共同进步

影响成绩的因素有很多，有的可以自己解决，有的则需要父母介入。

示范：“妈妈，我不太懂这类题目，你能帮我理顺思路吗？”

08 讲笑话后没有人笑，怎么接话避免冷场

低情商接话

同学：小刚，你的这个笑话不太好笑啊。

小刚：明明是你不懂幽默。

这样接话不仅带有攻击意味，还会让对方认为你在狡辩，容易引起对方不满。

高情商接话

小刚：看来我的喜剧事业刚开始就失败了，还得继续努力啊！

这样接话充满了幽默色彩，缓解了尴尬气氛。

高情商接话技巧指导

①转移话题，改变局面

没人回应，不要失落，不要气馁，不要纠结，换一个话题继续，总会有人买账。

示范：“既然说到了这个话题，我再给大家说一个笑话吧。”

②态度真诚，寻求反馈

别人不捧场的因素有很多，要真诚地和大家交流，让他们指出问题所在。

示范：“这个笑话是不是有点儿冷了？大家觉得该怎么改进才能好些呢？”

③简单收场，不留恋舞台

失败是难免的，不要尴尬地站在台上。积蓄力量，从头再来。

示范：“那就不打扰大家的兴致了，下次我一定给大家讲个好笑的笑话。”

④自嘲收场，提升自我

自嘲是很好的方式，可以让别人不再嘲笑自己，这是提升应变能力的重要方法。

示范：“我刚刚给大家证明了，不是每个人都能成为喜剧人的。”

09 父母发生争执，怎么接话化解冲突

低情商接话

妈妈：小美，你说说看，我和你爸爸谁为这个家付出得多？

小美：妈妈，其实我觉得还是你照顾我多一些。

这样接话让爸爸认为小美是站在妈妈一边的，不利于化解父母间的矛盾。

高情商接话

小美：爸爸妈妈都为这个家付出了很多。都是一家人，为什么要争谁付出得多呢？

这样接话既强调了他们都付出了很多，又强调了是一家人，可以让父母冷静下来思考。

高情商接话技巧指导

①让双方保持冷静

在气头上的时候，说的话、做的事都有出格的可能，孩子要恳请父母冷静下来，再寻找解决问题的办法。

示范：“爸爸妈妈先坐一会儿吧，尝尝我刚切的水果，冷静一下。”

②询问事情原委，促进沟通

父母争吵的时候，不要偏袒任何一方，让他们充分表达，再帮助父母化解矛盾。

示范：“爸爸妈妈不要着急，有什么话都说出来，咱们一起商量解决。”

③强调换位思考

父母都有自己思考问题的角度，要让父母换位思考，看到对方的不容易，让家庭氛围更融洽。

示范：“爸爸您想想妈妈的辛苦，妈妈您想想爸爸的付出，换位想想就会发现，你们都为这个家付出了很多。”

④转移注意力

可以提出做一些轻松的活动，转移父母的注意力，缓解紧张情绪。

示范：“我们现在一起去散步或看部电影，换个心情再回来讨论，怎么样？”

10 被妈妈误会了，怎么接话消除隔阂

低情商接话

妈妈：小刚，电脑是不是你打开的？又要玩游戏吧！

小刚：才不是我开的呢。

这样接话只会让妈妈认为你在撒谎，可能会加剧误会。

高情商接话

小刚：我刚刚在写作业。我和您一样，也是才看到电脑开着。

这样接话让妈妈知道你刚才在干什么，有理有据，态度诚恳，有助于消除误会。

高情商接话技巧指导

①平复心情，再做沟通

被妈妈误会的时候，不要急着解释，等妈妈情绪稳定后，再说自己的心里话。

示范："妈妈，您别着急，先坐下来歇会儿吧。"

②找到证据，为自己辩护

如果不是自己做的，当妈妈误会时，要通过找证据、证人的方法为自己证明。

示范："妈妈，我一直都在写作业呢，您看我马上就写完了，没时间玩电脑啊！"

③转移注意力，恢复内心平静

发生误会时，如果没有办法心平气和地沟通，那就出门转转，换个心情，回来再说。

示范："妈妈，我现在心情不太好，我出去转转，回来再和您解释。"

11 妈妈总要求我让着弟弟，怎么接话表达不满

低情商接话

妈妈：小刚，你是哥哥，凡事要让着弟弟。

小刚：凭什么！

这样接话只会让父母觉得你不懂事，也让自己站在了父母的对立面，不利于表达诉求。

高情商接话

小刚：妈妈，我会做一个好哥哥，尽力照顾弟弟。但我不会纵容他犯错。

这样接话让妈妈看到你的责任感，会感到很欣慰。

高情商接话技巧指导

①表达理解与尊重

妈妈关心自己的每一个孩子，但由于弟弟年纪比较小，会更需要照顾，所以要尽可能理解并尊重妈妈的要求。

示范：“妈妈，我知道弟弟还小，您会更担心他，我会尽力照顾他的。”

②坦诚表达感受

如果心里有任何感受，要及时与妈妈交流，并委婉表达自己的立场。

示范：“妈妈，我知道我该让着弟弟，但是有时候我还是会心理不平衡，感觉您偏袒弟弟，我很难过。”

③提出建议，分清情况

如果有更好的建议和想法，可以直接提出，照顾弟弟的同时也不委屈自己。

示范：“妈妈，我可以让着弟弟，可如果他犯错的时候，我是不是可以给他适当的惩罚？”

12 爸爸要没收游戏机，怎么接话让爸爸放心

低情商接话

爸爸：小刚啊，游戏机先收起来，寒暑假的时候再玩吧。

小刚：不行不行！我还要和同学组团升级呢。

这样接话会让爸爸更以为你沉迷于游戏无法自拔，游戏机自然不会再给你。

高情商接话

小刚：爸爸，我打游戏会遵守您规定的时间，不会影响学习的。

这样接话会让爸爸觉得你有自己的时间安排，能分配好学习和游戏的时间。

高情商接话技巧指导

①心平气和，有效沟通

对于爸爸不让自己玩游戏的情况，要认真思考原因，和爸爸心平气和地谈。

示范："爸爸，您是在担心我的学习吧？我会好好规划时间的，保证不影响学习。"

②自我反省，改掉坏习惯

爸爸没收游戏机，大概率是你因为游戏耽误了重要的事情。要认真反省自己的行为，改掉不良习惯。

示范："爸爸，我这段时间玩游戏的时间是长了点，但我会规划好时间的。"

③制订时间计划表

可以和爸爸一起制订时间表，当爸爸看到你的时间管理能力时，很可能会归还游戏机。

示范："爸爸，咱们制订一个时间表吧，这样可以让我更好地平衡游戏和学习的时间。"

④展示责任感

向爸爸承诺改正自己的行为，不会让其他事情影响学习。当爸爸觉得你是可以负起责任的孩子，自然会放心地把游戏机还给你。

示范："爸爸，我懂得您的担忧，我会对自己的学习负责的。"

13 收到不喜欢的礼物，怎么接话不伤人

低情商接话

朋友：你看看，这是我特意给你挑选的生日礼物。

小美：我不喜欢这个礼物，你还是退了吧。

这样接话过于直接，会让对方觉得你并没有尊重他的好意，容易引起对方尴尬和不满。

高情商接话

小美：哇，这个礼物真是太棒了！你一定费了很多心思吧。

这样接话既表达了你对礼物的喜爱，也体现了你对朋友心意的感激和尊重，让对方感到他的努力和关爱被充分认可。

高情商接话技巧指导

①表达感激之情，强调朋友用心

无论如何，都应该对送礼物的人表示感谢，这是对人的礼貌和尊重。

示范：“非常感谢你送我礼物，我很感动，你为我挑选礼物一定花了很多心思。”

②肯定对方心意

对方挑礼物、送礼物的心意，要比这个礼物本身更重要。你即使不喜欢这个礼物，也要对对方的心意表示肯定和尊重。

示范：“我知道这份礼物是你精心挑选的，你的心意我收到了，我感到特别幸福。”

③共同分享快乐，强化友情

回话中可以突出礼物带给你的喜悦和快乐。

示范：“这个礼物真的让我心情愉悦，每次看到都会想起我们在一起的美好时光。”

④巧妙提出个人喜好，引导未来选择

如果需要，可以委婉地提出你的个人喜好，不要直接表现出不喜欢。

示范：“我真的很喜欢你的礼物，不过最近我对（你的兴趣或喜好）产生了浓厚的兴趣，下次如果有机会，我们一起去挑选吧。”

14 客人随意进出我的房间，怎么接话捍卫隐私权

低情商接话

同学：我刚在你的卧室看到了好多手办，真壮观。

小刚：哦……还好吧。

这样接话会让对方以为他可以随意进入你的卧室，甚至动你的东西。

高情商接话

小刚：我的卧室也没什么特别的，你想参观前和我说一下就更好了，我可以给你介绍下那些手办。

这样的接话强调“事前”，隐晦地告诉对方要经过自己允许再进去。

高情商接话技巧指导

①礼貌且坚定地告知

对于触犯底线、不尊重自己的行为，无论是有意的还是无意的，都要礼貌且坚定地告知对方不要再这么做。

示范：“欢迎你来我家做客，但卧室是我的私人空间，我不喜欢被人参观，还请你谅解。”

②表达感受，寻求理解

对方未经你的允许进入私人空间时，要直接表达自己的感受，并引导对方换位思考，寻求理解。

示范：“想象一下，如果我在未经你允许的情况下进了你的房间，你是什么感受呢？”

③有效沟通，建立规则

明确告知对方你的隐私界限，以及你的隐私需求，避免之后产生误会。

示范：“卧室是我的私人空间，需要被尊重。希望大家在没有我允许的情况下，不要随意进出，谢谢。”

④强调私人空间的重要性

让大家知道私人空间受尊重的重要性。

示范：“个人空间对每个人都很重要，因为它能让大家感到安全和舒适，希望我们都有这份边界感。”